程笑冉 著

这是一本专门写给孩子的手账书。本书从入门讲起，教会孩子画手账的基本技巧。同时，提供了与孩子学习及生活息息相关的几大主题的素材，如生活用品、穿衣打扮、校园生活等。此外，本书还提供了大量借助手账提升个人能力的方法，让孩子在学会做手账的同时，更学会利用手账管理时间，制订学习计划以及养成好的习惯等，是一本寓教于乐的大众读物。

图书在版编目（CIP）数据

绘学习绘生活：孩子不可错过的成长手账 / 程笑冉著. — 北京：机械工业出版社，2020.3

ISBN 978-7-111-64819-2

Ⅰ. ①绘… Ⅱ. ①程… Ⅲ. ①时间—管理—儿童读物 Ⅳ. ① C935-49

中国版本图书馆CIP数据核字（2020）第030260号

机械工业出版社（北京市百万庄大街22号　邮政编码100037）
策划编辑：王淑花　徐曙宁　　责任编辑：王淑花　于化雨
封面设计：吕凤英　　　　　　版式设计：Kingzn
责任校对：张晓蓉　　　　　　责任印制：张　博
北京宝隆世纪印刷有限公司印刷
2020年4月第1版第1次印刷
145mm×210mm・5.25印张・144千字
标准书号：ISBN 978-7-111-64819-2
定价：49.80元

电话服务　　　　　　　　网络服务
客服电话：010-88361066　机工官网：www.cmpbook.com
　　　　　010-88379833　机工官博：weibo.com/cmp1952
　　　　　010-68326294　金 书 网：www.golden-book.com
封底无防伪标均为盗版　　机工教育服务网：www.cmpedu.com

前言
PREFACE

一本写给孩子的手账书

  我从很小的时候就喜欢一边做笔记一边画画。小本子是我的朋友，我把当天所学的知识、所有的心情都一股脑儿地讲给它听，还用画笔将它装扮"漂亮"。那时候的我，总觉得写下来的内容就像是装进盒子里，保留起来就不会弄丢了。到了后来，我在工作中坚持做手账，它像我的贴身"小秘书"，总能够督促我高效地完成工作。再后来有了孩子，家里多了一本又一本我为他记录的手账。现在孩子长大了，我经常与他一起做手账。每次看到他将一个个心爱的图案从包装盒、广告册上剪下来，装进自己的手账素材袋，就会回想起小时候的自己。虽然时代不同了，那种要把心爱的宝贝保护好、留存下来的心情是一样的。

　　我与孩子一起在手账里记录生活、写下感动的瞬间；一起用手账做计划，激励自己勇敢前行；一起在手账里"举办画展"，体会艺术创作的快乐；一起在手账里贴满了手工，一个个美妙的创意就这样被留住了。我相信，随着孩子们的成长，手账将会在他们的学习、生活中扮演更重要的角色。当我看到市面上琳琅满目的手账书目时，发现其中专门写给孩子的却寥寥可数，于是便萌生了要为孩子们写手账书的念头。

　　近年来，越来越多的人喜欢用手账来记录生活中的方方面面，无论是大人还是孩子。手账也有了更多的分类，生活手账、学习手账、工作手账、旅行手账、艺术家手账等等。做手账对于孩子们来说，不仅仅能够帮助他们提高绘画技能，拥有一项兴趣爱好，形成一个好的记录习惯，更能让他们会学习、爱生活、独立自主，成为自己的主人。

　　这本书开篇为孩子们介绍了做手账的常用工具,然后从点、线、基本图形的变形入手,带孩子们一起思考,打开脑洞,进入想象力的世界。接着,本书通过生活用品、穿衣装扮、校园生活等九个常见的主题,一步一步教孩子们画好手账里常用的绘画素材。本书还特意加入了对手账排版布局的讲解,教孩子们一些好看又实用的版式设计、花边设计、文字设计的方法,给孩子们的手账锦上添花。在手账应用的讲解部分,本书结合孩子们生活和学习的多个真实运用场景,给出了丰富的案例,教会孩子制订学习和生活计划的方法,帮助孩子利用手账来养成好的习惯,学会利用手账进行时间管理、目标管理、财务管理,帮助孩子更好地学习、思考、观展、旅行。不仅如此,本书还带领孩子们一起进行创意手工制作,无论是制作专属的手账封面还是制作收纳袋和书签,相信孩子都会获得满满的乐趣和成就感。整本书由浅入深,

　　从基础学习到实际应用，细致、全面地为孩子们展现手账制作的要点，带领孩子们一起走进手账的美妙世界。

　　希望每一个孩子都能够利用好手账这个工具，成为管理时间的高手，合理地规划学习和生活；也希望每一个孩子都能在做手账的过程中，培养良好的学习和生活习惯，享受自由创作的乐趣。

　　翻开手账，我们可以随时随地在上面写写画画，或翻看曾经留下的生命足迹，或畅想未来，那都是美好的时光。

　　愿每一个孩子都能有一本属于自己的手账。愿孩子们在手账中成长。

程笑冉

和孩子
一起成长

引领优质阅读　创造美好生活

机械工业出版社

加小编微信
获取更多图书福利

在线收听公益课程

给孩子的8堂超级记忆课

世界记忆纪录的保持者、第25届世界记忆锦标赛官方训练导师,用一学就会的记忆方法,帮助孩子快速提升学习力,
解决10大学科记忆难题!

给孩子的8堂思维导图课

东尼·博赞授权认证讲师、世界记忆大师手把手教的高效学习法,解决孩子学习10大痛点,5倍提升学习力,让孩子爱上学习!
著名主持人王芳、魔方盲拧世界纪录保持者庄海燕作序推荐!

5步儿童时间管理法:让孩子彻底告别磨蹭拖拉

熬夜写作业,睡眠不足?学习不专注,效率低下?假期太放纵,成绩下滑?
5个步骤×11种超实用时间管理工具,让孩子从认识时间到自主管理时间,
成为时间的主人。附赠时间管理手册。

从每天盯作业到真正管学习:打造孩子6个学习好习惯

喜马拉雅人气讲师的"陪学宝典",告诉家长管孩子学习的"正确姿势"。
让孩子爱上学习,让写作业不再是难题!中学校长鼎力推荐!

学习的本质:提升成绩的5大规律

以解题为本,重建思维方式,提升学习能力。五维高效学习法,解决中学生8大
类学习难题。学习不仅要提高成绩,更要改变思维方式,拥有更大的人生格局。

如何练就阅读力

从不爱看书到一年读完300本书,6种阅读效率工具,5类听书核心方法;
21天,升级你获取知识的能力。
樊登读书会"我是讲书人"全国优秀选手、《如何练就好声音》作者涂梦珊新作!

怪物研究所:超实用的校园手抄报

海量手抄报边框、简笔画素材、花边设计以及艺术字体设计,
手抄报简笔画、零基础学手抄报。一书在手,办报无忧!

数独口袋题册

作者权威,国内顶级数独教练;口袋本设计,小巧便携;题型多样,涉及多种
变形数独题型,提升做题乐趣,同时开发大脑思维。
数独口袋题册随时随地开启思维训练游戏,无时不推理,无处不创造!

快乐玩数独·入门(教学版)

本书采用技巧示意图讲解、卡点解答、真题详解、解题心得等多角度教学
互动形式,有助于读者快速学习数独核心技巧。更容易掌握的解题方法,
更有针对性的海量习题,配备免费教学课程,把"老师"带回家。

快乐玩数独·入门(训练版)

题量丰富,精选数独题目200题; 难度适宜,阶梯递进,快速完成从小白到大师。
激发潜能,挑战能力极限,拓展思维,开启头脑风暴。

好妈妈不吼不叫教育男孩100招

不吼不叫教育孩子理念的发起者,畅销50万册!
家庭教育专家、中华传统文化传播者/推动者鲁鹏程老师重磅作品!
版权输出韩国、越南、中国香港、中国台湾等国家和地区!

不吼不叫 妈妈的一场修行

每个妈妈都有100种替代吼叫的方法。好妈妈不吼不叫,培养性格好、情商高、更合作的孩子;好妈妈不吼不叫,让家庭变成孕育孩子稳定性和安全感的港湾!

好妈妈不吼不叫应对孩子叛逆期

如何用无条件的爱陪孩子走过3岁叛逆期,让叛逆期变为成长关键期。
温柔地应对3岁叛逆期,不吼不叫,正面引导,为孩子的成长加油!

爱与教养的双人舞:聚焦依恋关系的养育方法

研究儿童早期依恋关系的经典之作,儿童教育专家张梅玲、中国科学院心理所教授/博士后导师祝卓宏、北京第二实验小学校长芦咏莉、美国俄克拉荷马大学心理系终身教授/博士生导师宋海蓉联袂推荐!

自控力成就孩子一生:儿童行为问题管理手册

少说多听,3步平和教养法,为孩子种下一颗自控力的种子!
俞敏洪、龙迪倾情作序,孙云晓、陆士桢、赵刚鼎力推荐!

自控力成就孩子一生2:青春期行为问题管理手册

5步改变青春期行为问题,培养孩子受益一生的自控力。
新东方创始人俞敏洪倾情作序,家庭教育专家陆士桢、关颖、曹萍鼎力推荐!

陪孩子走过青春期

正面管教导师、国际鼓励咨询师解密青春期养育法则,让孩子和青春期握手言和。
不缺席的爱,轻松应对青春期难题;和善而坚定,陪伴孩子走过青春期。

给妈妈的第一本食育书

用教育的思维重新设计吃饭这件事,让孩子从一日三餐中获得成长的能量!
关心孩子,从关心食物开始:回归教育,由回归厨房做起。
让我们的孩子,在自然的食材和家的味道里,长大成人。

小儿推拿专家教 捏捏按按百病消

小儿推拿家长速查、速用必备手册,真人彩图分步演示,一看就懂,一学就会!
快速、准确取穴,消除多种宝宝常见病,激发宝宝自愈力!
畅销50万册,版权输出韩国、越南等地!

小儿艾灸 一学就会

针对28种小儿常见问题,提供灸疗方案!辨证施灸,真人图解,一看就懂,一学就会!艾妈妈阳光艾灸馆创始人王继娟老师潜心艾灸10年之作!
传授中医育儿智慧,教你顺应天地四时的节奏养孩子!

我是妈妈，更是自己：活出丰盛人生的10堂课
心理督导师肖旭、家庭治疗师孟馥、年糕妈妈创始人、父母必读主编、凯叔讲故事总裁等11位大咖联袂推荐，系统家庭治疗师写给妈妈的成长路线图！

好妈妈就是家庭CEO
献给0～18岁孩子的父母，引导妈妈以更高的视野建构成长型家庭，培养面向未来的孩子！
著名教育专家卢勤、新东方创始人俞敏洪、央视主持人周涛联袂推荐！

胜任未来：赢得人生的6种能力
东大、哈佛双料女神，用二十年的积累，揭示年轻一代未来成长的真谛。
李开复、前美国白宫学者黄征宇、中国人民大学文学院教授雷立柏鼎力推荐！

觉知的爱：看见孩子的内在需求
带着觉知爱孩子，改善孩子成长的心理环境，让他们最终成为尊重秩序、自觉自律、绽放天赋、活出美德的人！引导父母向内看，支持孩子的精神成长！

点亮孩子内在的光
引导孩子用身体学习，打开3个智慧中心，让孩子通过身体和心理的卷入，完成体验式的认知历程。将教育理念、心理辅助方法融入营地活动，
让亲子之爱得以流动，真正的教育得以发生。

育儿的逻辑
家长的思维和眼界，才是孩子的人生起跑线。思维达人"瘦狐狸"20年育儿经验总结，教你用逻辑思维，培养"别人家的孩子"，变身人生赢家。

育儿的格局：让孩子胜任未来的7大核心能力
5岁前重点培养孩子的7大核心能力，为孩子积蓄胜任未来的力量！
为家长提供一张清晰坚定的育儿蓝图，帮助父母从育儿的忙乱和琐碎中看到方向！

游戏的力量：10大游戏体验塑造完整童年
美国国家亲子出版奖金奖作品！剑桥大学心理学博士、YoKID优儿学堂主席苏德中倾情推荐！一个平衡完整的童年游戏清单，让孩子像个孩子那样长大。

不缺席的妈妈：3岁前给孩子全然的陪伴
原美国儿科学会主席赞许推荐，美国著名精神分析师告诉你早期陪伴的意义和方法，新手妈妈必看的0-3岁陪伴指南。
对于孩子来说，重要的不是礼物而是妈妈的陪伴！

不愤怒的父母：如何让孩子更合作，家庭更幸福？
资深临床心理学家的畅销作，剖析愤怒背后的6种信念，提供管理愤怒的六大行为工具，献给父母的愤怒情绪管理指南！不愤怒的态度就是一种有效的教育，我们比孩子更需要学习如何管理自己的情绪。

目录
CONTENTS

前言

第一章 常用的手账工具

1. 好看的手账本……………02
2. 好用的笔具………………06
3. 好用的手账伴侣…………10

第二章 想象力训练

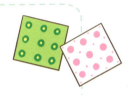

1. 点的畅想………………… 14
2. 线的妙用………………… 17
3. 基本图形的"化妆术"…… 22

第三章 拿来就用的手账素材

1. 超萌的生活物品…………… 31
2. 萌装扮……………………… 35
3. 超萌的校园生活…………… 39
4. 我们爱运动………………… 43
5. 萌萌的美食………………… 47
6. 手账里的花花草草………… 51
7. 萌宠大本营………………… 55
8. 萌系人物造型……………… 60
9. 节日欢庆萌起来…………… 69

第四章　既萌又有趣的手账排版

1. 好看易学的版面……………… 77
2. 花边装饰的妙用……………… 85
3. 有趣的文字设计……………… 99

第五章　手账让你成为生活的主人

1. 有计划的学习生活………… 107
   - 1）每日任务清单…………… 108
   - 2）每周计划………………… 109
   - 3）每月计划………………… 110
   - 4）愿望清单………………… 112

2. 习惯养成，如此简单………… 113
   - 1）每日打卡列表…………… 113
   - 2）阶梯式自我激励………… 115

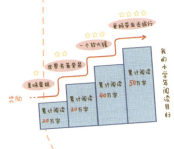

3. 做时间管理的高手 ……… 117
1）时间轴法 ……… 117
2）四象限法 ……… 119
3）时间饼图 ……… 121
4）倒计时 ……… 123

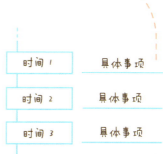

4. 小小商学院——目标管理 ……… 124
1）目标设定：SMART 法则 ……… 124
2）目标分解：曼陀罗思考法 ……… 126
3）目标达成：PDCA 循环 ……… 128

5. 学习手账——学霸们的秘密 ……… 130
1）读书笔记 ……… 130
2）植物观察笔记 ……… 131
3）用双气泡图辅助思考 ……… 132
4）用 Mind Map 梳理知识 ……… 133

6. 做个理财小达人 —— 134
1）学会记账 —— 134
2）养成好的消费习惯 —— 135

7. "艺术家"手账 —— 136
1）积累艺术素材 —— 136
2）艺术创作手记 —— 140
3）手账里的"个人画展" —— 141
4）艺术展参观手记 —— 142

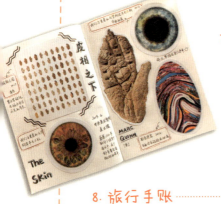

8. 旅行手账 —— 145
1）行李准备清单 —— 145
2）旅行攻略 —— 146
3）出行手记 —— 147

9. 手账里的创意手作 —— 149
1）专属的手账本封面 —— 149
2）自制收纳袋 —— 152
3）实用又好看的书签 —— 156

1. 好看的手账本

手账本，现如今成为越来越多人随身携带的物品。

画一本好看的手账，首先要从挑选一个既有高颜值又方便好用的手账本开始。

硬皮手账本

因为有硬硬的封皮，所以不用担心内页会被翻卷或者压折。

皮革面手账本

皮革的手感，复古的质感，给人高级的感觉。皮革的封面非常耐用，时间会在皮革面上留下宝贵的痕迹。

第一章　常用的手账工具

　　现在市面上有各种各样的手账本售卖，无论你有什么样的喜好和需求，总有一款能够让你满意。

　　硬皮手账本、皮革面手账本、布面手账本和活页手账本是市面上很受欢迎的几种手账本。除了这几种本子之外，普通的笔记本也可以用来做手账。

布面手账本

布制的封面常常给人一种亲切、温馨的感觉。冬日里，这样一本手账能让人感觉暖暖的。

活页手账本

　　活页手账本的内页通过金属圈组合在一起，每一页可以自由地拆卸组装。这种本子便于更改错误的页面，也便于将内页顺序进行调整。活页手账本的封皮可以循环使用，使用完一本，只需要更换新的内页就好了。

以手账本的内页来划分，主要可以分为横格手账本、网格手账本、空白页手账本、日程手账本等。

横格手账本

横格手账本便于写下整齐的文字，适用于以文字记录为主的手账。依据纸面上已有的横线，还可以方便地对纸面进行分区，使整个页面看起来干净整洁。不过，横线会对手绘图案或者拼贴的展示有一定影响，所以横格手账本较少用于手绘图案及拼贴为主的手账。

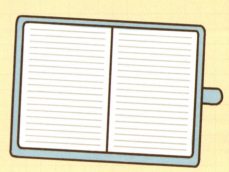

网格手账本

由于页面上既有竖线又有横线，所以我们沿着现有的线条可以轻松画出笔直的线条。无论是竖向写文字还是横向写文字，都会写得整齐有序。页面上的格子可以很好地辅助我们进行版面规划，让页面看起来更加整齐有序。

第一章 常用的手账工具

空白页手账本

在这样的本子上写写画画，可以不必拘泥于条条框框，自由发挥。在空白的本子上常常能做出一些别出心裁的版式。

日程手账本

这种手账本的内页上印有便于进行日程管理使用的分区和表格，常常分为月计划、周计划、一日一记、待办事项、地址簿等等，使用起来非常方便。

2. 好用的笔具

不同的笔具能够画出不一样风格的手账。选一款合适的笔具不仅能够让我们在创作中更高效，帮助我们更好地实现灵感，还能够给手账增添艺术性和趣味性。下面是做手账常用的笔具，我们一起来认识一下吧！

针管笔

针管笔适合写字和画画，它的笔尖分为多种粗细的规格，较细的勾线笔适合刻画画面中的细节。针管笔分为油性和水性两种，一般来讲，用水性笔勾线的图案尽量不要使用水性的颜料上色（如：水彩笔、水彩等），否则就会晕染。另外，针管笔有多种颜色可以选择。

钢笔

使用钢笔在手账中书写文字，能让人有一种庄重的感觉。更重要的是，它能让我们的字体变得更好看。当然，也可以用钢笔在手账本里画画。如果画出的图案要用水性颜料进行上色，那么，一定要注意选用具有防水性能的墨水。除了使用常用的黑色、蓝色墨水，也可以使用彩色的墨水进行书写和画画。

第一章 常用的手账工具

 圆珠笔

圆珠笔书写顺滑，用它来写字、画画都很方便。即便你手头只能找得到普通的圆珠笔，一样能够画出好看的、别具风格的手账。

 **秀丽笔**

秀丽笔的笔尖为软毛，富有弹性，书写效果与毛笔非常相似，适合写艺术字，也适合勾线或者上色。秀丽笔也有多种颜色可选，可以为画面营造出多种不同的效果。

绘学习绘生活——孩子不可错过的成长手账

水彩笔

水彩笔便于携带，是一种很常用的彩笔。水彩笔书写流畅，颜色艳丽，笔尖较粗的水彩笔适合用来填色，笔尖较细的水彩笔适合用来书写或勾画图案。

彩色铅笔

彩色铅笔颜色清新淡雅，画出的图案常常有很强的手绘效果，又便于携带，是手账爱好者常用的上色工具。彩色铅笔分为水溶性彩铅和油性彩铅，均可使用。

第一章 常用的手账工具

马克笔

马克笔颜色艳丽，上色均匀，一般有粗细两个笔头。粗笔头适合涂色，细笔头适合勾勒细节。马克笔水分充足，浸透力强，在薄的纸张上涂色时，颜色会浸透到纸的背面。为了避免这种情况，通常在涂色时，底下垫上一张白纸，或者在单独的纸张上画好图案，然后裁剪下来使用。

油漆笔

油漆笔覆盖力强，可以于多种材质表面上写画。油漆笔有多种颜色，金色、银色的最为常用，利用这两种颜色可以创作出复古风格的手账。

3. 好用的手账伴侣

> 好看的纸胶带是不会画画的人的手账救星。不管你是不是一个画画的初学者，它都能帮助你做出一份漂亮的手账。

纸胶带

纸胶带跟普通的胶带不一样，它的黏性不大，即使撕下来也不会损坏纸面。我们常常使用纸胶带对画面进行分区，或者贴出好看的造型，让手账看起来更加整洁和美观。

花纹修正带

花纹修正带，顾名思义它可以用来覆盖写错的笔迹。不仅如此，它还有着纸胶带的功用，就是能够对手账进行分区和装饰。市面上售卖的花纹修正带，有多种多样的花纹可供选择。

贴纸

贴纸有多种材质、造型和风格可以选择。它是能让手账变得好看又有趣的必备佳品。如果你没有充足时间来为手账画插图，选用贴纸不失为一个好的选择。

第一章 常用的手账工具

 印章

使用印章印制图案，能够让你的手账变得丰富而有趣。

印章的种类非常丰富，有的带有花纹图案，有的带有文字和符号。除了购买现成的印章使用，我们还可以自制印章。印泥的颜色也多种多样，有纯色的，还有渐变色和彩虹色的。印章可以重复使用，同一款印章搭配不同的印泥能呈现出不同的效果。

 便利贴

便利贴撕贴非常方便，我们可以随手将一些重要的信息或是日程安排记录下来，贴在手账本里随时翻看。除了一些常见形状的便利贴，我们还能够购买到一些造型各异的便利贴，它们可以起到装饰的作用。

重要的事项再也不会忘记啦！

11

长尾夹

长尾夹坚固耐用，常常用来收纳和固定票据。将长尾夹夹在手账本里，长柄平放的时候，还可以起到书签的作用。除了这种传统造型，市面上能够买到更多好看好玩造型的长尾夹。

贴纸收纳袋

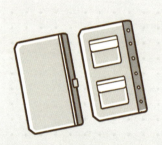

贴纸收纳袋通常是透明或者半透明的，有些带有拉链。把零散的素材以及多种多样的贴纸收集在里面，让人一目了然，方便使用时进行挑选，也便于外出携带。

纸胶带分装板

一卷卷的纸胶带常常会占用较多空间，不便于在外出或旅途中携带。这时候，便可以将多种喜欢的纸胶带缠绕在纸胶带分装板上随身携带，既节约了宝贵的行李空间，又完全不会影响纸胶带的黏性，非常好用。

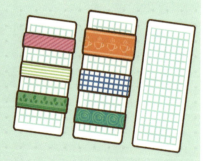

绘学习绘生活——孩子不可错过的成长手账

1. 点的畅想

想要画画，却不知从哪里开始，那就从最简单的图形——点入手吧！下面，关于点的简单又有趣的想象力训练开始啦！

点点的头脑风暴

我们先把各式各样的点点按照一定的规律排列起来。像这样：

实心的小圆点　　实心的大圆点　　空心的圆点　　螺旋形的圆点

三角形的点　　方形的点　　水滴形的点　　不规则的斑点

竖向虚线中的点　　横向虚线中的点　　十字交叉的点　　乘号一样的点

绘制点点图案

尝试加入颜色,使这些点点形成图案。
就像这样 变换点点的颜色、形状,空心或者实心。

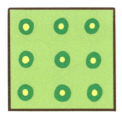

在绿色中加入黄色

在大点中有节奏地加入小点

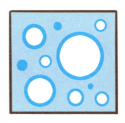

空心和实心的点错综排列

或者像这样 将不同的图案看作点点,然后有规律地排列起来。

桃心形状的点

笑脸形状的点

猫爪形状的点

花朵形状的点

彩色方框形状的点

兔兔形状的点

2. 线的妙用

线条是各种造型的基础。想要画出好看的画，首先要掌握线条的绘制方法。多多练习，你会画得越来越好。

画一些流畅的线条，心情也跟着舒畅起来！

绘制线条图案

尝试加入颜色,使这些线条形成图案。

这些图案可以代替单一的颜色,为手账的留白处上色。

就像这样 变换线条的颜色、形状、方向等。

绿色的斜向条纹

颜色富于变化的波浪条纹

蓝色格子条纹

"回"字形条纹

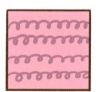

弹簧线条纹

彩色条纹

变形后的波浪条纹

符号和色块形成的条纹

"几"字形条纹

第二章 想象力训练

 用分割线为你的手账加分

将线条进行装饰,就形成了一条条有趣的分割线。无论是用来划分文字区域,还是用来装饰版面,都超级方便、好用!

可爱的彩旗分割线

充满春天气息的枝叶分割线

甜蜜蜜的蝴蝶结分割线

闪亮的星星分割线

有趣的小鱼与大海分割线

绘学习绘生活——孩子不可错过的成长手账

温馨的爱心分割线

萌萌的纽扣分割线

卡通晾衣架分割线

你还想到了哪些？发挥你的想象力，快来画一条你专属的分割线吧！

3. 基本图形的"化妆术"

无论是圆形、正方形、长方形还是三角形，都能在你的笔下变换出多姿多彩的可爱造型！

圆形的"化妆术"

在圆形中添上一笔 → 加上眼睛、翅膀和触角 → 瓢虫动起来了！

想一想，将两个圆圈叠放起来，会变成什么？

在圆形中画出小圆 → 加上可爱的装饰 → 草帽变出来了！

再试一试将圆形和方形组合在一起呢？

在圆形中画出弧线 → 加上吊篮 → 热气球升起来了！

 打开你的脑洞!

| 小女孩 | 篮球 | 电风扇 |
| 电灯泡 | 茶壶 | 气球 |

试试看,你还能画出哪些图案?

绘学习绘生活——孩子不可错过的成长手账

✦ 正方形的"化妆术"

看看你还能不能认出我呢?

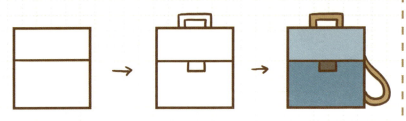

在正方形中添加线条　　　画出提手和扣子　　　崭新的公文包

画上纽扣和衣领　　　加上袖子　　　漂亮的衣服

画上垂直的线条　　　加上装饰　　　神秘的礼物

第二章 想象力训练

✏️ 打开你的脑洞！

试试看，能不能画出更多图案？

学习绘生活——孩子不可错过的成长手账

✦ 长方形的"化妆术"

想一想，生活中有哪些长方形的物体呢？

画出直线和长方形　　　画出按键和食物　　　美味即将出炉！

为四个角做装饰　　　画出更多细节　　　时尚行李箱变出来了！

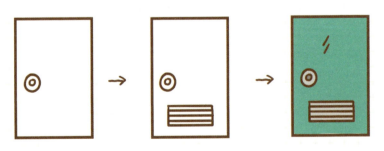

画上圆形　　　加上百叶窗　　　咚咚咚！谁在敲门？

圆形和长方形的组合

第二章 想象力训练

打开你的脑洞！

爱心信件

笔记本电脑

切菜板

整洁的床铺

书籍

鲜牛奶盒

想一想，你还能变出哪些图案呢？

绘学习绘生活——孩子不可错过的成长手账

✨ 三角形的"化妆术"

是的,没错!这次轮到三角形来变形。
我们一起来变魔术吧!

 →

将三角形变立体　　画出食物夹心　　三明治真香啊!

> 我是三角形和圆形的组合,你认出我了吗?

 →  →

在底部加上半圆形　　画上灯绳和开关　　点亮这盏灯!

 →  →

画出弧线　　添加更多线条　　粽子包好了!

 打开你的脑洞!

图形之间任意组合,想象力暴涨!

帆船　　　　农舍　　　　农夫

西瓜　　　　三角尺　　　　帐篷

如果还不过瘾,就快快拿起笔来画一画吧!

第三章 拿来就用的手账素材

1. 超萌的生活物品

生活中各种各样可爱的小物件,都能够化身为一个个小萌物,出现在你的小本子上面!

快来试一试,让它们萌起来吧!

雨伞

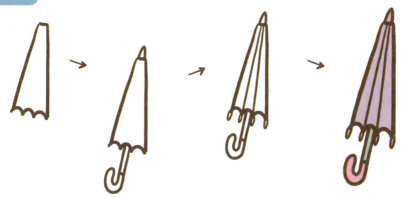

吹风机

加上电线更加有趣!

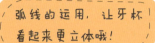

`牙具组合`

> 弧线的运用，让牙杯看起来更立体哦!

`座椅`

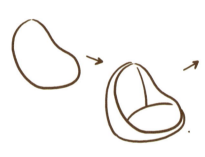

`水桶`

> 最后将里面装上水，水桶活灵活现呢!

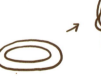

第三章 拿来就用的手账素材

2. 萌装扮

画这些配饰的时候，我的心都要融化啦！

化妆镜

记得要画上萌萌的蝴蝶结哦！

猫咪造型冬帽

冬天扮萌就靠它喽！

第三章 拿来就用的手账素材

天使翅膀　　　　　　　　　　变身小天使！

短百褶裙

花边上衣　　　　　　画上花边更显可爱！

更多时尚好看的可爱装扮在这里！一起画一画吧！

指甲油

背带裤

隔离霜

项链

上衣

太阳帽

吊带背心

海军衫

口红

平底鞋

短裤

化妆包

靴子

梳子

挎包

第三章 拿来就用的手账素材

3. 超萌的校园生活

丰富多彩的校园生活，特别适合画进你的本子里。
快来一起学习怎样将这些好玩的事物变得又萌又有趣吧！

橡皮

记得要将橡皮边缘画成圆角哦！
因为这样才够萌！

卷笔刀

如果觉得结构有些复杂，那就再细致地观察一下你的卷笔刀吧！

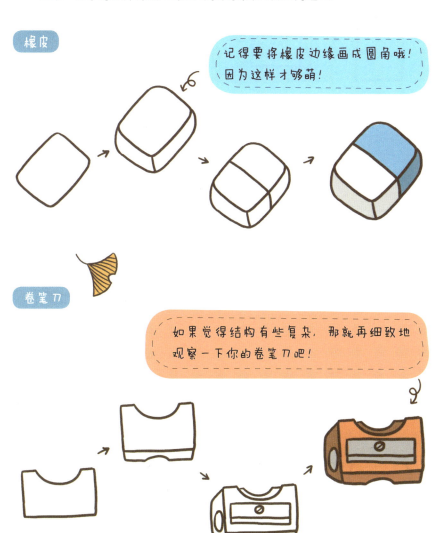

第三章 拿来就用的手账素材

书包

不得不说，最近它真的是越来越沉啦！

笔记本

这是一个带线圈的小本子哦！

笔和墨水

羽毛笔真的超有感觉！

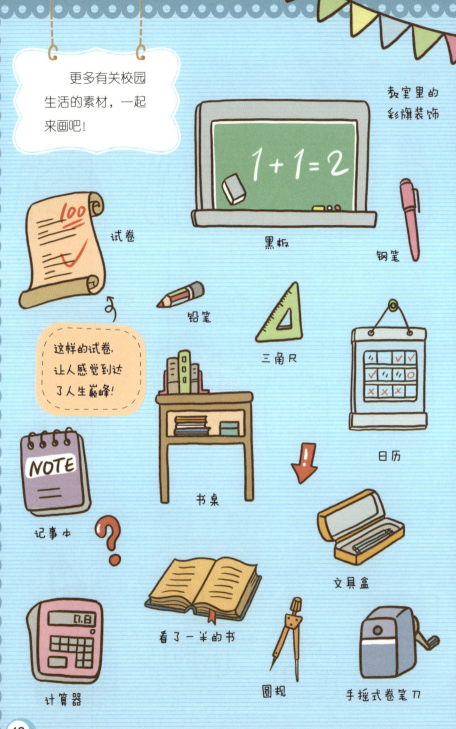

第三章 拿来就用的手账素材

4. 我们爱运动

劳累的工作和学习之后,一场酣畅淋漓的运动让人大呼过瘾!我们都是运动小达人!

篮球

看我七十二变!

羽毛球拍

43

5. 萌萌的美食

萌萌的美食，总是吸引着我们。看着它们那萌萌的样子，真是不忍心将它们一口吃掉。

6. 手账里的花花草草

让大自然的花草树木走进你的手账本吧！漂亮娇艳的花草，郁郁葱葱的树木，真的是怎么画都好看，连心情都一起变得更加美好了！

笔直的树

有着圆圆树冠的树

> 树的形状多种多样，在大自然中多多去发现吧！

第三章 拿来就用的手账素材

花朵和叶子的组合1

这些小小的漂亮的花朵和树叶,都非常适合用来点缀我们的手账本。

花朵和叶子的组合2

盆栽仙人掌   小小的花盆也萌萌哒!

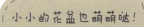

7. 萌宠大本营

小动物是我们的好朋友,它们给我们的生活带来了许多的乐趣。手账本里面怎么能够少了它们的身影呢?

下面我们一起来学习画出可爱的小动物吧!

带身体的猫咪

画出猫咪的头部

画出头部更多细节

画上圆圆的身子

加上长长的尾巴

萌态小黑猫

带身体的狗狗

画出狗狗的头部

画出雪纳瑞狗狗独特的造型

画出前肢

画出后肢和尾巴

萌萌的狗狗

第三章 拿来就用的手账素材

穿衣服的小狮子

画出头部造型 → 画出鬃毛 → 画出拟人化的表情

穿上上衣 → 穿上下装 → 画上配饰

阳光下一只外出游玩的小狮子画好啦!

给小动物们穿上衣服,就像小朋友一样!

穿衣服的小企鹅

画出企鹅的身子 → 画出面部细节 → 画出暖融融的围巾

给企鹅穿上衣服 → 戴上帽子 → 加上四肢

一只穿着冬衣在钓鱼的小企鹅画好啦!

8. 萌系人物造型

萌萌的手账，当然离不开萌萌的人物造型。当我们用手账的形式记录生活时，一定会涉及人物的绘制。

下面我们一起来学习人物的画法吧！

脸型

萌系人物造型的绘制，与绘制逼真的素描有很大区别。

想要画好萌系人物，首先要画出萌萌的脸型。

小婴儿

圆圆的脸型，是法宝。

我是椭圆形脸！

第三章 拿来就用的手账素材

小女孩

大一点的孩子,可以将脸的两边向中间挤压变形,就像这样。

有着鼓溜溜圆脸蛋的小女孩

小男孩

将脸的两边继续向中间挤压,形成胖胖的小脸蛋。

有着婴儿肥脸蛋的小男孩

妈妈

继续将脸型变形为"包子型",这种脸型也很可爱呢!

和蔼可亲的妈妈

接下来，一起来看更多的脸型。

三角形脸型

倒三角形脸型

正方形脸型

长方形脸型（纵向）

嗨！我是爸爸！

绘学习绘生活——孩子不可错过的成长手账

表情

各种各样的表情,能够赋予萌系人物多种多样的情感。
给人物加上可爱的小表情,人物也变得更萌了呢!
下面这些表情符号都表达了怎样的心情?

欣慰

大笑

犯嘀咕

幻想

惊呆

大哭

着急

扮可爱

调皮

沮丧

伤心

吃惊

动手画出下列三个人物的不同表情吧!

发型

发型真的太重要啦。同一个人物,变换不同的发型能给人不同的感受。

几种女生的发型

短直发

短卷发

大波浪

羊角辫

长辫子

朝天辫

几种男生的发型

蘑菇头

偏分短发

圆寸发型

给下面的人物画上你喜欢的发型吧! 我可以是男孩,也可以是女孩哦!

全身造型

给人物画上身体和四肢,他们更像是你真正的朋友啦!

女孩造型

一般来讲,萌系人物的身体比例是两头身,也就是说头的高度占整个身高的一半。依照这样的头身比例画出来的人物会比较可爱。

定下身体比例及轮廓 → 画出衣服 → 画出四肢

画出衣服细节 → 添加萌萌的配饰 → 粉萌的小女孩

第三章 拿来就用的手账素材

男孩造型

依然是两头身   定下身体比例   画出衣服   画出四肢
               及轮廓

画出衣服细节   添加手中的物品   手拿玫瑰的绅士小男孩

第三章 拿来就用的手账素材

9. 节日欢庆萌起来

最喜欢庆祝节日啦，好吃的、好玩的、好看的，应有尽有，将它们画进手账里，小小的本子也变得热闹起来。

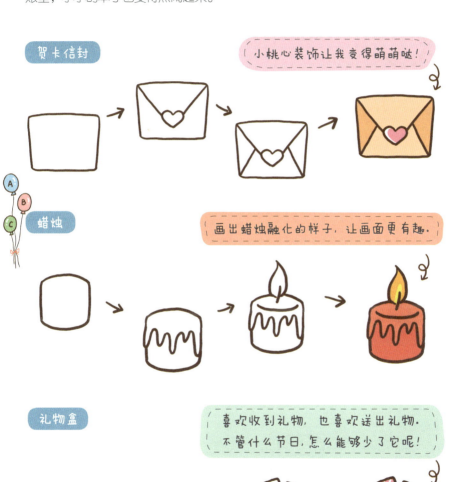

贺卡信封 — 小桃心装饰让我变得萌萌哒！

蜡烛 — 画出蜡烛融化的样子，让画面更有趣。

礼物盒 — 喜欢收到礼物，也喜欢送出礼物。不管什么节日，怎么能够少了它呢！

气球

简单又好看的气球

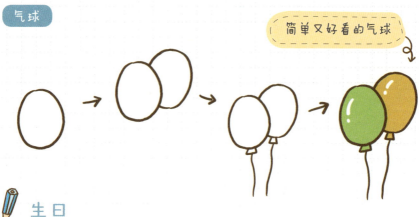

生日

最喜欢过生日啦,因为总能收到喜爱的礼物。

生日帽

第三章 拿来就用的手账素材

切块蛋糕

画一颗樱桃，能让它看起来更美味哦！

魔法棒

许下你的愿望吧！

画一颗星星　　画上一根小棍　　添加表情和丝带　　星星魔法棒

春节

每年的春节，一家人聚在一起，是件很幸福的事情。

灯笼

画一个椭圆　　画上弧线

元宝

福字

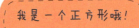

我是一个正方形哦！

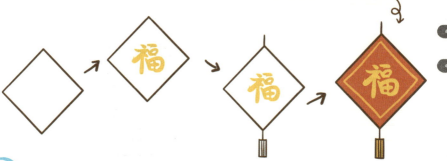

第三章 拿来就用的手账素材

鞭炮

 圣诞节

圣诞节的时候，圣诞老人亲手为那么多人送礼物，我想他一定累坏了吧！

圣诞手杖

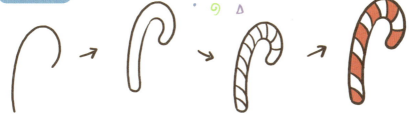

手摇铃铛

添加摇铃摆动的小符号，摇铃就像是响起来啦！

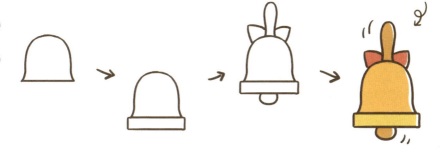

圣诞袜

记得画出圆圆的感觉哦!

圣诞树

第四章 既萌又有趣的手账排版

1. 好看易学的版面

好看的手账怎么少得了可爱又有趣的排版呢？美美的排版看似轻松随意，却有规律可循。下面教给大家一些好玩又实用的排版，手账排版从此变得既轻松又简单。

 线性布局的排版

这是最简单的排版方式，方便、快速又好用。

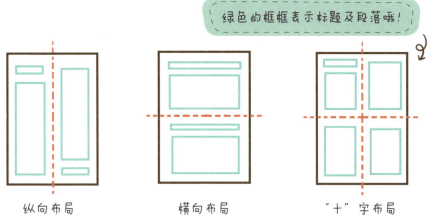

绿色的框框表示标题及段落哦！

纵向布局　　　横向布局　　　"十"字布局

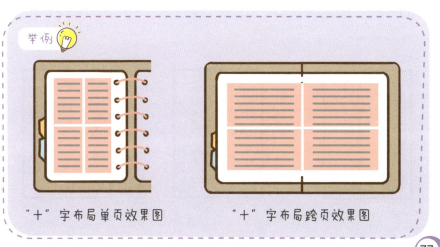

"十"字布局单页效果图　　　"十"字布局跨页效果图

斜向布局

斜向布局

对角线布局

举例

对角线布局单页效果图

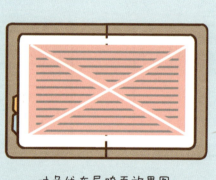
对角线布局跨页效果图

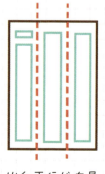
纵向平行线布局

斜向平行线布局

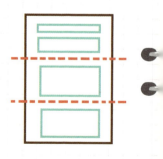
横向平行线布局

第四章 既萌又有趣的手账排版

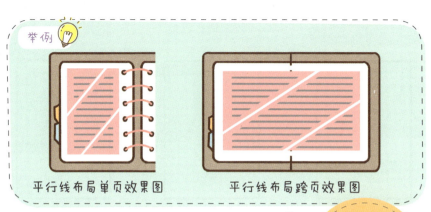

平行线布局单页效果图　　　平行线布局跨页效果图

几何形布局的排版

几何形布局的排版，让你的手账更加出色。

Tips:
只要遵循对齐的原则，文字再多也不会乱。

几种三角形布局

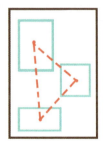 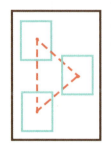 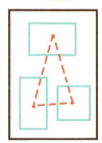

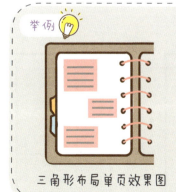 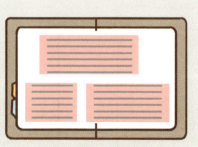

三角形布局单页效果图　　　三角形布局跨页效果图

几种四边形布局

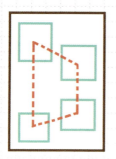 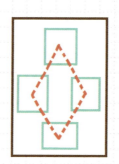 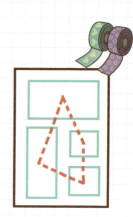

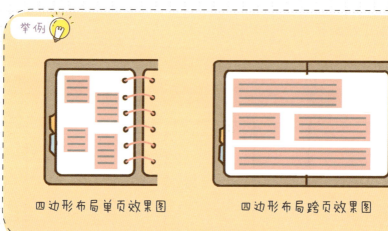

四边形布局单页效果图　　　　四边形布局跨页效果图

不规则图形布局

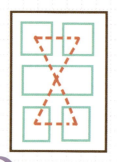 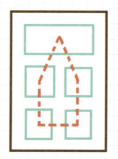 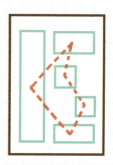

第四章 既萌又有趣的手账排版

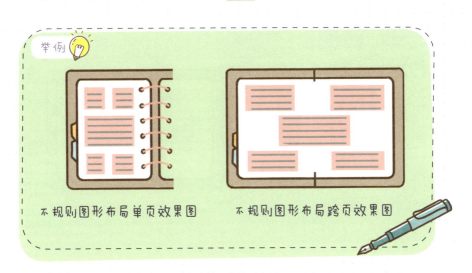

不规则图形布局单页效果图　　不规则图形布局跨页效果图

 其他更自由的版式

这些排版方式更为自由多变，用这样的版式画出的手账常常让人耳目一新。

切割式布局

通过这样的排版构成的版面像是由一块完整的图形切割而成，看似分割的部分却组成了一个整体，有很强的设计感。

  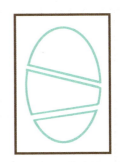

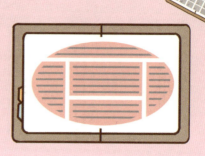

举例

切割式布局单页效果图　　切割式布局跨页效果图

叠放式布局

 叠放图形的形状和数量由你来定哦！

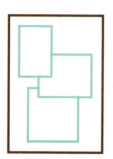 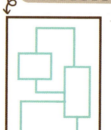 

举例

叠放式布局单页效果图　　叠放式布局跨页效果图

第四章 既萌又有趣的手账排版

分散式布局

可以通过调整图形的数量和大小,让整个画面尽量显得平衡美观。

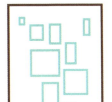

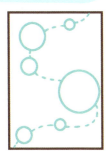

举例

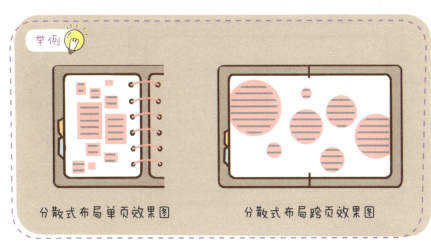

分散式布局单页效果图　　　　分散式布局跨页效果图

第四章 既萌又有趣的手账排版

2. 花边装饰的妙用

多种多样的装饰框

装饰框是用线条等元素组成的，用于围起来独立的区域，里面可以写文字，也可以画画。它给手账增添了装饰感。

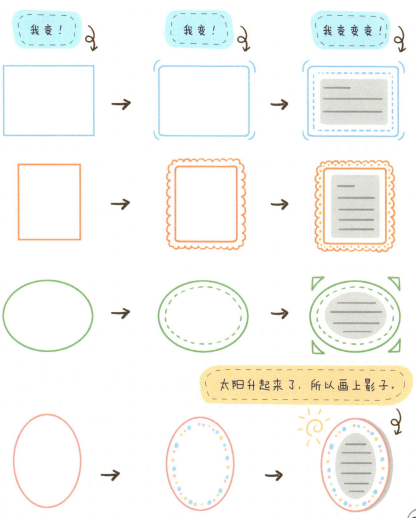

绘学习绘生活——孩子不可错过的成长手账

除了一些规则的图形,各种各样的图案都可以变身成为装饰框哦。

树的形状

我是一棵苹果树!

 → 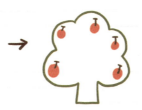 →

房子的形状

加上小小的炊烟更温馨哦!

 →  →

鲸鱼的形状

加上波浪和水滴更有趣!

 →  →

考试卷的形状

按照分解步骤去画,一点都不难哦!而且超有立体感!

第四章 既萌又有趣的手账排版

一些好玩的对话框,也可以变身成为装饰框哦!

绘学习 绘生活——孩子不可错过的成长手账

另外，将一些装饰框画在彩色的便签纸上，裁剪下来贴在手账本里，也很有创意哦！

第四章 既萌又有趣的手账排版

 花环装饰

将花朵枝叶进行组合，能画出超漂亮的花环。圆圆的像是徽章一样的花环，能让你的手账瞬间变得美美哒！

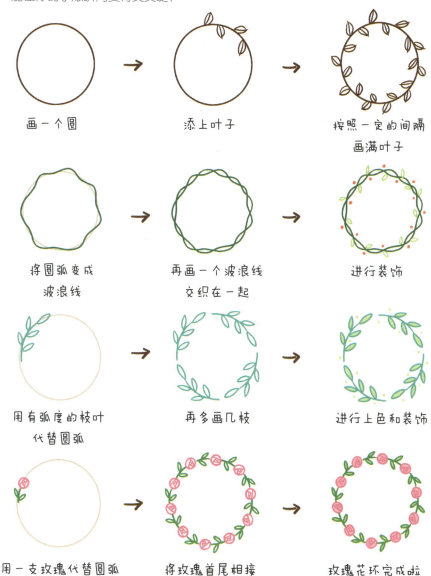

将花环中的花朵和枝叶换成别的元素也很好看哦!
试试看,如果将以下这些萌萌的元素放进花环中,会是什么效果呢?

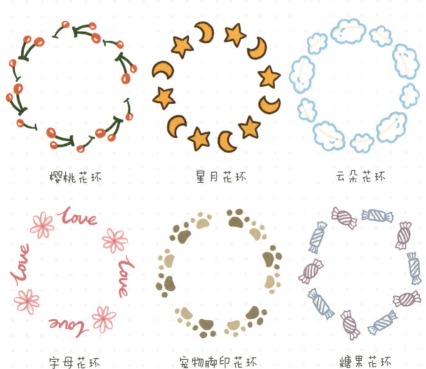

樱桃花环　　　　　星月花环　　　　　云朵花环

字母花环　　　　　宠物脚印花环　　　　糖果花环

第四章 既萌又有趣的手账排版

图中还有一些其他的元素,也可以来组成花环。
拿起画笔,快来试试看吧!

绘学习绘生活——孩子不可错过的成长手账

 缎带装饰

在缎带装饰里面写上文字,可以让标题显得既美观又有趣。

缎带装饰的画法

第四章 既萌又有趣的手账排版

这里还有更多有趣好玩的缎带造型。

画好了缎带的造型,记得为它们添加上颜色呀!

除了将颜色涂满整个缎带,我们还有一些其他的上色方式,能让你画出的缎带充满个性化!

在缎带上下两侧涂上颜色,中间的留白处写上文字。

在缎带上装饰点点的图案,同时添加上类似蝴蝶结这样可爱的元素。

铺满颜色之后,可以用同色系的线条再次进行装饰。

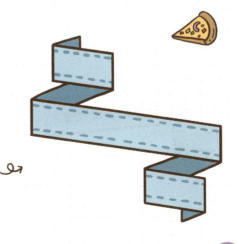

缎带背面,可以用同色系中深一些的颜色上色,让你的缎带有一种立体的感觉。

上色之后，添加上线条的装饰和萌萌的蝴蝶结。

为缎带添加上格子装饰。

为缎带点缀花纹，写上主题文字。

标签

小小的标签，方便好用。使用标签，可以将大段的文字内容整理得醒目而且有条理。

标签的画法

箭头形状的标签　　　加上虚线装饰　　　涂上颜色

标上序号，涂上你喜欢的颜色。

挂旗形状的标签　　　涂上颜色　　　添加图案纹理

标上序号，涂上你喜欢的颜色。

标上序号，涂上你喜欢的颜色。

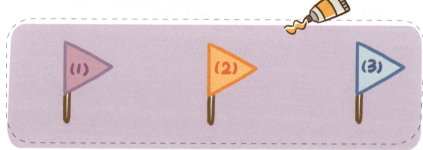

标上序号，涂上你喜欢的颜色。

第四章 既萌又有趣的手账排版

这里有更多有趣的标签。你能想到的好玩的图案,都可以变身为标签哦!

绘学习绘生活——孩子不可错过的成长手账

除了自己亲手画标签,还可以使用现成的标签贴纸。
比如这样的标签贴纸。

将它作为标签直接贴在需要的地方,既方便又美观哦!

3. 有趣的文字设计

别以为只是写字哦！将这些文字不停地变换样子，真的是超级好玩哟！

绘学习绘生活——孩子不可错过的成长手账

更多的数字变形

 ↓ ↓ ↓

画上阴影和　　画上绿绿的　　画上动态小　　画上装饰和
水滴的装饰　　　叶子　　　　　符号　　　　　阴影

↓ ↓ ↓

更多好玩的变形，需要我们大胆去尝试！

加上猫咪耳朵　　变身奶牛　　　逐渐隐形
和胡须

第四章 既萌又有趣的手账排版

 英文

英文作为一种语言文字，常常会出现在手账本里。

看英文字母大变身

Hello → Hello → Hello

写上英文字母　　加宽加粗字体　　涂上颜色

Hello → Hello → Hello

写上英文字母　　加宽加粗字体　　涂上颜色

写上英文字母　　这一次我们不涂颜色，　　画上阴影装饰
　　　　　　　　把字母变成空心的

101

更多的英文字母变形

加上皇冠和亮闪闪
的符号

画上重影
和小心心

对封闭区域涂色
并画上装饰

绚丽多彩的英文字母

画上虚线装饰　　　画上阴影装饰　　　围上框框

第四章 既萌又有趣的手账排版

汉字

与数字和英文字母相比，有些汉字笔画比较烦琐，所以变形的时候也会更有难度。

不过没有关系，无论是笔画多的汉字还是笔画少的汉字，我们只要掌握了变形的规律，一切都会变得容易！

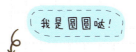 

生日快乐 → 生日快乐 → 生日快乐

写上汉字　　　加宽加粗字体　　　涂上颜色

生日快乐 → 生日快乐 → 生日快乐

写上汉字　　　加宽加粗字体　　　涂上颜色

生日快乐 → 生日快乐 → 生日快乐

写上汉字　　　将它放大加粗　　　画上阴影装饰

103

绘学习绘生活——孩子不可错过的成长手账

更多好玩的汉字变形

生日快乐　　生日快乐　　生日快乐

↓　　　↓　　　↓

生日快乐　　生日快乐　　生日快乐

找出封闭形状并　　添加图案装饰　　添加有趣的背景
涂上颜色

生日快乐　　生日快乐　　生日快乐

↓　　　↓　　　↓

画上蜡烛　　添加重影一样的　　在留白处
　　　　　　线条　　　　　　进行装饰

还可以将图案穿插在字体里面，画出带图案的字体。

"萌翻你"

用图案代替汉字中的笔画。

用剪刀手的造型代替字母"Y"。

HAPPY Yeah~

将数字拟人化，画上眼睛。

根据数字本身的造型发挥想象力！

可爱

穿插使用耳朵、鼻子和爱心的造型。

好玩的煎蛋造型，是你每日早餐的必备款吗？

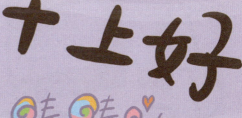

十上好

棒棒哒

LIFE

将字母画为袜子和帽子，让人暖融融哒！

THANKS

欢乐的小人偶造型。

第五章　手账让你成为生活的主人

做手账是一种感受生活、记录生活、管理生活、享受生活的方式。它可以帮助你将每一个阶段的生活状态真实地存留下来，帮你找到喜爱的生活，成为生活的主人！

1. 有计划的学习生活

无论一本手账装饰得如何美观漂亮，它都不应该只是用来点缀生活，而应让手账成为我们生活中贴心的得力助手。进行日程规划，是手账的一项重要用途。繁忙的学习生活，如果没有计划，会变得没有条理，事务执行起来也容易丢三落四。无论是以日为单位的任务列表、以周为单位的学习计划，还是以年为单位的个人发展规划，手账都可以让你的日程规划既便利又有条理，既清晰又易于执行。

1）每日任务清单

每天将重要的工作学习事项记录在手账本中，不仅能够帮助你整理思路，还能够让你严于律己，监督你养成"今日事，今日毕"的好习惯。每当睡前，回想起一天的日程，充实而圆满，那是一种多么美好的感觉啊！

哪些计划尚未完成，让你一目了然。再也不用担心因为忘记而不能完成计划了！

第五章 手账让你成为生活的主人

2）每周计划

在每周的学习生活开始之前，为自己列一份漂亮的周计划，以周为单位来规划我们的工作和学习生活。当然，随着日程的跟进，还可以及时对计划进行调整和补充。

这样的周计划，将每日的工作重点标注出来，是不是更加直观了呢！

> 这里附上月历，提醒自己要站在更宏观的角度来看待自己的周计划。

> 可以标注上自己对每一个事项的喜爱程度，也许每个时间段你的喜好会不一样哦！

October

1	2	3	4	5
6	7	8	9	10	11	12
13	14	15	16	17	18	19
20	21	22	23	24	25	26
27	28	29	30	31

本周计划

4 THU
☑ 阅读《鲁滨逊漂流记》30-45页

1 MON
☑ 阅读英语绘本
☑ 数学思维训练

5 FRI
☐ 整理本周知识点
☐ Thinking Map

2 TUE
☑ 慢跑3千米
☑ 科学竞赛

6 SAT
☐ 带猫咪散步
☐ 与妈妈一起逛超市

3 WED
☑ 写作文《我的妈妈》
☑ 滑冰课

7 SUN
☐ 植物园写生
☐ 完成作业

3）每月计划

以月为单位，对自己的学习生活进行规划。有了这份自制的月计划，你会惊喜地发现原来自己在一个月内完成了这么多有意义的活动，生活是如此充实和精彩。

> 每一个格子都小小的，列计划的时候要简明扼要哦。

> 在空白处，用这些彩带来进行装饰。

Mon	Tue	Wec
早睡早起		1
6	TEST ✓ 7	8
ART 13	跆拳道 Yes! 14	科技 15
Thinking Map 20 ✓✓✓	Fitness 21	22
27	Swim 28	29

绘学习绘生活——孩子不可错过的成长手账

 4）愿望清单

新的一年，在手账本里列出对自己的期许。用这样的方式开启崭新的里程，是一件多么令人激动的事情。

> 列出的事项要尽量具体，这样能让你有清晰的目标去执行。

> 这里写作"能用小提琴演奏歌曲"，而不是"学会小提琴"，将目标清晰化。如果可以更进一步，可以写出你希望能演奏的歌曲名称。

— WISH LIST —

1. 能用小提琴演奏歌曲
2. 参加一次英语夏令营
3. 成为北京天文馆志愿者
4. 阅读我国四大名著
5. 机器人团队赛获得优异成绩

> 这里写作"北京天文馆志愿者"而不是"做一些社会实践"，将目标锁定，可以更有针对性地朝着目标去努力。

另外，记得在一年之末，重新翻出这一页愿望清单，来对自己一年的表现做出客观的评价。

第五章 手账让你成为生活的主人

2. 习惯养成，如此简单

自律能让我们成为更加优秀的人。养成一些好的习惯就是好的开端，有了一个好的开始，我们就成功了一半。好的习惯能够坚持下来，才是关键。

为了不让我们在好习惯的养成过程中半途而废，我们可以自己制作养成好习惯的打卡列表，来督促我们将好习惯坚持下去。

> **小知识**
>
> 关于习惯养成的理论，最著名的当然就是我们所熟知的"21天理论"。然而近年来，有不少心理学家研究发现，习惯形成所需要的时间远远多于21天。伦敦大学的健康心理学家的一项最新研究表明，人平均需要66天才能养成一项新的习惯，并且每个人养成习惯的时间有所差异。

养成好的习惯能让你成为一个更优秀的人。日后的你，一定会感激曾经努力坚持好习惯的自己！

1）每日打卡列表

这些数字表示坚持习惯的天数。

下面是一种常用的习惯养成打卡列表。

我们的好习惯越多越好。在这一列标出不同的习惯名称。

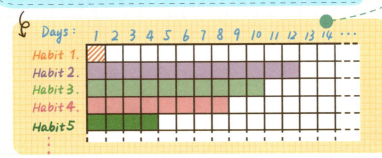

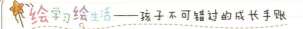

也可以将多项习惯分别做成不同的表格，便于分类管理。

养成好习惯

可以像这样，每日完成后打上对号。

坚持每日记手账

1	2	3	4	5	6	7	8	9	10	11	12	13	14	15
✓	✓	✓	✓	✓	✗	✓	✓	✓	✓	✓	✓	✓	✓	✓
16	17	18	19	20	21	22	23	24	25	26	27	28	29	30
✗	✓	✓	✓	✓		✓								

每天运动半小时

1	2	3	4	5	6	7	8
8.5	8.6	8.7	8.8	8.9	8.10	8.11	8.12
9	10	11	12	13	14	15	16
8.13	8.14	8.15	8.16	/	8.18	8.19	

可以像这样，每日完成后标注上日期。

可以像这样，画上自己喜欢的图案。

每天阅读一本英文绘本

第五章 手账让你成为生活的主人

2）阶梯式自我激励

除了坚持每日打卡，若能在此过程中也制定一些渐进式的小目标，将更加激励我们在形成好习惯的历程中不断进步。将有难度的目标分为多个小的阶段目标，一方面完成的压力减少了，另一方面能够不断地给我们信心和鼓励。用这种阶梯式的自我激励方法，我们能够在习惯养成的道路上更坚定地走下去。

看，这样一份阅读计划，就是为了养成勤于阅读的好习惯而专门制订的。看似宏伟的"50万字阅读目标"通过被分为一个又一个递进的目标，以及设定的一个又一个阶段性奖励，让人在养成阅读习惯的过程中不断得到激励，每向前迈进一步，都充满了信心和勇气。

绘学习绘生活——孩子不可错过的成长手账

第五章 手账让你成为生活的主人

3. 做时间管理的高手

时间对每个人是公平的，无论是谁，一天都只有24小时。如果能够提升时间利用的效率，我们就能够做更多的事情，获得更大的收获。投入学习的时间的长短并不是最重要的，最重要的是效率。

让我们合理利用手账来对时间进行管理，成为一个名副其实的时间管理高手。

1）时间轴法

这是我们最常用的时间管理的方法，将需要进行的事项与具体的时间刻度一一对应，每个事项所需要的时间也一目了然。这样的排列，方便而且直观。

时间1	具体事项
时间2	具体事项
时间3	具体事项

绘学习 绘生活——孩子不可错过的成长手账

这是一份用时间轴的方法制作的半日课程表。每个时间段对应的学习任务清晰而且有条理。

可以对课表进行装饰。

可以自由地写上自己想说的话。

2）四象限法

四象限法是进行时间管理的常用方法。这个方法中，用横轴和竖轴两个轴线，将我们需要做的事情分为了"重要且紧急""重要不紧急""紧急不重要""不重要不紧急"四个象限。这四个象限的划分，有利于我们对时间进行深刻的认识和有效的管理。

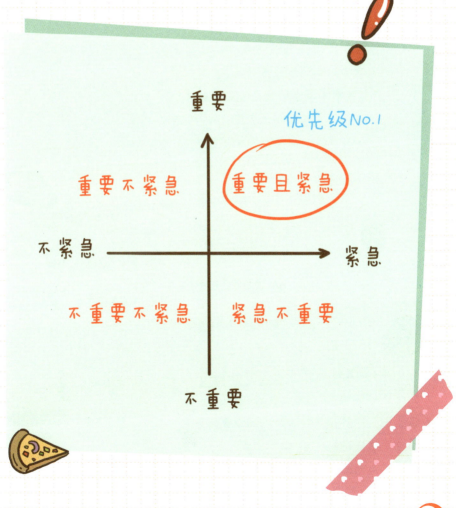

——孩子不可错过的成长手账

小知识

"重要且紧急"这个象限中包含的是一些时间紧迫并且影响重大的事情,是需要优先解决,不可拖延的。

"重要不紧急"这个象限中包含的,是重要并且我们有充足的时间去做好的事情。日常学习生活中,我们要把主要精力放在这类事情上,未雨绸缪,有效地开展学习和工作。

"紧急不重要"这个象限中的事情会给我们造成一些假象,误认为一些紧急的事情很重要,结果荒废了时间和精力。比如回复一些无谓的电话之类的事情。

"不重要不紧急"这个象限中的事情大多是些琐碎的杂事,我们应该减少生活中的此类事情,比如闲聊,漫无目的地上网等等。

下面是四象限法在生活场景中的灵活运用。

同一件事情在特定的时间和场景下,不同的人对它重要性和紧急性的判断会不同。

120

第五章 手账让你成为生活的主人

 3）时间饼图

  时间饼图的优点是，它能够让我们对自己的时间分配一目了然。在时间饼图上，我们可以客观地看到我们的时间和精力花费在哪件事情上更多，也能够知道哪些事情投入的时间和精力不足，需要付出更多去完成。

我们的睡眠时间基本占据了每天的三分之一，这是我们每天拥有充沛精力的保障。

记得在周末留出一些自由支配的时间，比如在日光下打个盹，或者在美景中发个呆。

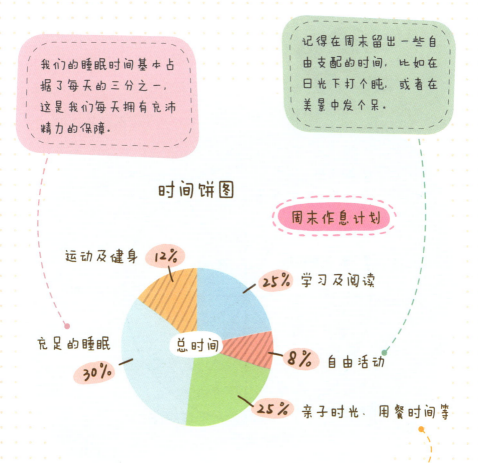

时间饼图　周末作息计划

运动及健身 12%
25% 学习及阅读
充足的睡眠 30%
总时间
8% 自由活动
25% 亲子时光、用餐时间等

与家人一起的时光能让我们恢复能量，并在接下来一周的学习生活中精力充沛！

除此之外，还可以将时间饼图看成是一个表盘，在指针的相应位置标出要做的事情。这样也能够让你的时间安排变得更直观。

比如下面这幅图就列出了暑期中早6点到晚6点作息安排。

严密的作息计划，不浪费一丁点儿时间，让你的学习生活更加高效。

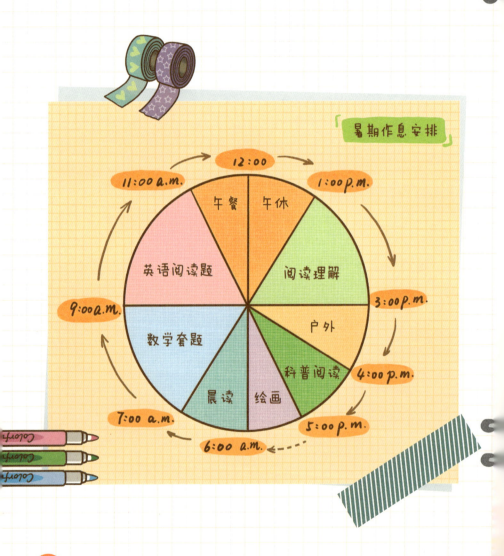

4）倒计时

可以用倒计时的方法来提醒自己时间的流逝，以激励自己更好地利用时间。

60 天

考试倒计时

加油！

距离考试还有：45 天

60	59	58	57	56	55	54	53	52	51
50	49	48	47	46	45	44	43	42	41
40	39	38	37	36	35	34	33	32	31
30	29	28	27	26	25	24	23	22	21
20	19	18	17	16	15	14	13	12	11
10	9	8	7	6	5	4	3	2	🚩

营造一种考试即将来临的紧迫感。

4. 小小商学院——目标管理

这一小节,我们将一些看似高大上的目标管理方法,切实应用到我们的日常生活和学习当中。通过这些方法,我们能够在学习和生活中明确方向,坚持自律并不断进行自我激励,从而获得进步。我们将在目标管理中获得对自己生活和学习的掌控感,并会变得愈加优秀。

 1)目标设定:SMART 法则

设定一个合理的目标是目标管理的第一步。一个好的目标是怎样的呢?它需要是明确的、有衡量标准的,并且是符合个人能力的,在现实生活中切实可行的,除此之外,目标还要有一个确定的完成期限。这就是我们所说的目标管理中的"SMART 法则"。

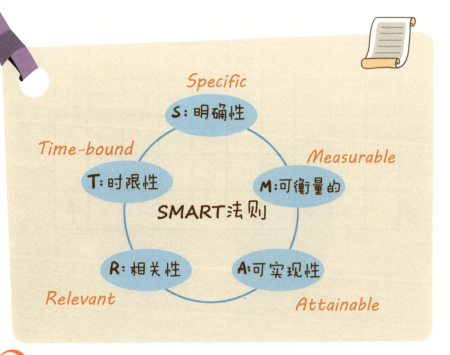

第五章 手账让你成为生活的主人

英语能力提升计划

- **S** → 英语成绩达到班级排名前10%
- **M** →
  - 听：每天听一个英语故事
  - 说：每天跟读一篇课文
  - 读：每天阅读1本英文绘本
  - 写：每天用英文写日记
- **A** → 现在班级排名前20%，努力跻身前10%
- **R** → 希望通过提升英语能力从而提升综合学习水平
- **T** → 本学期结束前

Cheer up~

这是根据SMART法则制订的一份个人英语能力提升计划。

在这个计划里，有着明确的目标和帮助达成目标的具体方法，并且符合自己的学习现状，是一份科学合理的计划，能帮助个人更好更快地达到目标。

2）目标分解：曼陀罗思考法

曼陀罗思考法也常被称为"九宫格思考法"，它能够帮助我们将混沌的事物具体化。在目标管理中，运用曼陀罗思考法能够让我们的目标更加明确。清晰明确的目标使我们能够更好地去实现它。

以下对个人年度目标的整理中，就运用了曼陀罗思考法。

在位于中心的格子中填写上总目标。

在总目标的周围，有8个格子，可以分别填上总目标的8个分解目标。
通过这样的发散思考，可以总结出自己今年需要努力的几个方向。

旅行	锻炼身体	英语学习
社会劳动	今年的目标	数学学习
兴趣爱好	课外阅读	语文学习

8　1　2
7　　　3
6　5　4

第五章 手账让你成为生活的主人

接下来，我们对于这8个分解目标继续思考，可以得出更进一步的曼陀罗思考图。

针对个人在每一个领域的发展，这里列出明确的目标。

标注出期望达成目标的具体年份。

法国 艺术之旅	完赛 马拉松	英语成绩 达到前10%
科技馆 小解说员	目标 20□□年	数学成绩 达到前5%
每天练习 钢琴30分钟	阅读15本 经典书目	语文成绩 达到前10%

将目标进行具体的量化。

3）目标达成：PDCA 循环

PDCA 循环是由美国质量管理专家戴明总结出来的，所以又称"戴明环"。我们常用"戴明环"对目标达成的过程进行自我监督管理。

PDCA 循环包括四个阶段，分别是：Plan（计划）、Do（执行）、Check（检查）、Act（处理）。

Plan（计划）阶段中，我们需要制定目标。

Do（执行）阶段中，我们需要执行达成目标的具体方法。

Check（检查）阶段中，我们需要对执行的效果进行总结，区分出哪些方面做得比较好，哪些方面尚未达到标准。

Act（处理）阶段中，我们对检查结果进行处理，对于未达标的事项进行改进。

第五章 手账让你成为生活的主人

具体可行的改进方法

- 查漏补缺
- 养成好的学习习惯

小贴士：小小错题本

制定目标

目标：提高数学能力

处理 (ACT)

计划 (PLAN)

检查 (CHECK)

执行 (DO)

✓ 自测及学校测试

1. 强化四则运算基础
2. 加强应用题专项学习

对执行效果进行检查

具体的执行措施

这个循环是周而复始地进行的，没有解决的数学问题可以留在下一个循环中进行改进。通过持续不断的努力，数学能力一定能够得到提高。

5. 学习手账——学霸们的秘密

认真对比学霸和普通人的笔记本，我们经常能够发现学霸不仅乐于记笔记，还善于对已有的知识进行归纳和整理。俗话说"好记性不如烂笔头"，掌握了好的学习方法，我们每一个人都有学霸的潜质。

1）读书笔记

勤于阅读并写读书笔记，是一个非常好的习惯。勤写读书笔记是训练阅读的好方法，除此之外还能够帮助我们养成勤于思考、善于总结的优秀品质。除了写下读书心得感想，还可以提纲挈领地描述书里的内容，或者将印象深刻的优美语句记录下来。

第五章 手账让你成为生活的主人

2）植物观察笔记

做一名对大自然具有浓厚兴趣的观察员，用一种探究的思维去欣赏自然。在大自然中漫步和探索，我们不仅能够收获知识，还能享受美好的时光。

不要小看这些手记，它们都是日后写作中的好素材，让你在写作中不会无话可说。

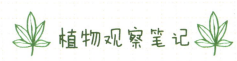

记录人：Ashton　　时间：2019年10月15日

地点：公园内　　天气：

中文名：银杏

别称：白果、公孙树

分类：银杏科银杏属落叶乔木

特点：曾经只遗存于我国，素有"活化石"之称。

叶子
是扇形的，像一个小扇子。有长长的柄，叶片上有清晰的叶脉，并且排列得很整齐。

果实
有很高的药用价值，安全处理后具有食用价值。

> 除了用文字记录，还可以将观察到的事物用画笔记录下来，这就是手账的魅力！

3）用双气泡图辅助思考

Thinking Maps 中的双气泡图，能够帮助我们对两个不同事物进行直观的分析比较，区分出它们的共同点和不同点。

小知识

Thinking Maps 与 Mind Map 都是可视化的思维工具。但是 Mind Map 只有一种图形来表示，而 Thinking Maps 有 8 种图示，每一种表示不同的思维类型，双气泡图是其中的一种图示，主要用于事物之间的分析比较。

下面这幅图中就运用了双气泡图对金丝猴和环尾狐猴进行了比较和分析。

两个大气泡分别表示要进行比较的两种事物，周围的小气泡表示事物的特征，文字多由关键词组成。

第五章 手账让你成为生活的主人

 ## 4）用 Mind Map 梳理知识

Mind Map 起源于英国，由东尼·博赞先生所发明，被认为是发散思维、整理知识点、提高记忆力的高效思维工具。

> Tips:
> Mind Map 的几个特点：
> A. 从一个中心图发散联想；
> B. 具有多级分支；
> C. 每个分支由关键词、线条组成，可以用不同的颜色进行表示，并绘制相关图案。

下面这幅图就是运用 Mind Map 对小数乘法运算的相关知识进行整理。要记住这么多的数学定律，再也不用发愁了！

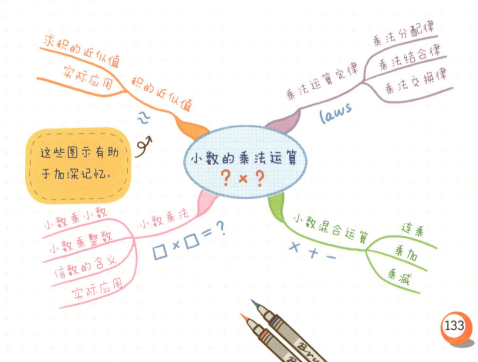

6. 做个理财小达人

在父母的帮助下，如果能较早地接触"钱"的概念，有助于孩子较早地形成财务观念。理财并不仅仅是把钱存起来，还要合理分配储蓄，形成好的消费习惯。学会理财可以从利用手账进行财务管理开始。

1）学会记账

手账最初的一项重要功能，就是作为随身的账本用于记录收支。
好的记账习惯，能够帮助我们量入为出。

下面这幅图就记录着从 2 月 18 日到 2 月 28 日的个人收支情况。每一笔收入和支出都进行了详细的记录，便于日后核对查找。

我的账簿 单位：元

日期	明细	收入	支出	结算
2.18	购买文具袋		30	300
2.19	Starbucks Coffee		35	265
2.20	奶茶		15	250
2.21	公交卡充值		50	200
2.22	KFC加餐		45	155
2.23	迷你K吧		20	135
2.24	奶奶给零用钱	200		335
2.25	校报投稿稿费	100		435
2.26	手账周边用品		35	400
2.27	爸妈给零用钱	300		700
2.28	希望小学捐款		50	650

本月结余：650元　　目标：850元　买乐高！

结算金额的计算方法
300-35=265

结余金额一目了然哦！

这里对目标金额进行了标注，有利于我们精打细算每一笔支出，更快地达成购物心愿。

2）养成好的消费习惯

由于计划不足或者管理不善，一笔钱经常很快就花个精光。这些花销都去哪了？和去年同一时期相比，我的花销是增加了还是减少了？日后如何避免盲目购物，养成好的消费习惯？这些问题都可以通过对消费情况的分析来找到答案。

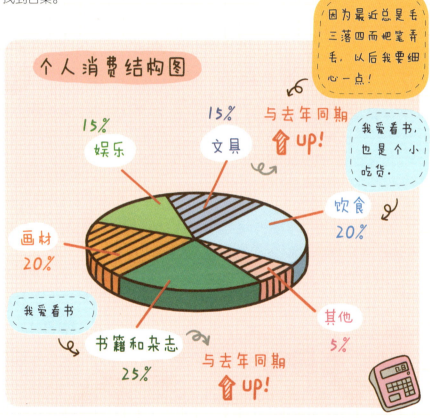

这幅图是针对一段时间内的花销情况制作的"个人消费结构图"。

图中显示了画材、娱乐、文具、饮食等多项支出情况，并标注出了该类支出占总支出的百分比。通过这幅图不仅能对自己的消费喜好一目了然，还能够对其中变化的原因进行反省。之后，也可以邀请家人一起来说一说消费的话题，谈谈各自的看法。

绘学习绘生活——孩子不可错过的成长手账

7. "艺术家" 手账

想象我们就是"艺术家",在手账本里,我们可以把日常生活中的艺术灵感进行收集整理;可以将艺术创作中的所感所想——呈现;可以在手账本中为自己的画作举办展览;还可以将启迪心灵的艺术发现和体验永久地保留下来。任何人都可以动手做出充满艺术感的手账,每一页仿佛都是精心策划的艺术品。时而拼贴时而手绘,充满了乐趣!

 ### 1)积累艺术素材

丰富的艺术素材经常能给我们源源不断的灵感。艺术家或是经常画画的人,几乎都会有一个随身携带的素材手账本,便于他们随时随地将所见所感作为素材记录下来,便于日后以此为主题进行创作。

① 绘本及宣传页

家里的一些旧绘本、旅行时收集到的一些宣传彩页,以及玩具包装纸,都能成为手账本里艺术素材的来源。

印刷品上这些颜色艳丽、充满趣味的图案,将它们剪裁下来制作成艺术素材太合适不过了。

1. 只要是印有你喜爱的图案的印刷品,都可以收集起来。

2. 将喜欢的图案进行裁剪。

第五章 手账让你成为生活的主人

3. 收集到这么多有趣的素材，真是太开心了！

4. 可以将它们拼贴在手账本中，空白处再添加一些手绘的小元素。

5. 将这次没有用到的素材收集起来，装进封袋里，留作日后使用。

② 照片素材

照片能够直观地呈现出艺术元素的真实面貌。每次重新翻看之前的照片，都能够唤起心中对艺术元素最初的感动。

这篇手账来源于一次在中国木雕之乡的艺术采风。一件件精美绝伦、格调高雅的木雕艺术品就这样留在了手账本里，刻在了记忆中。

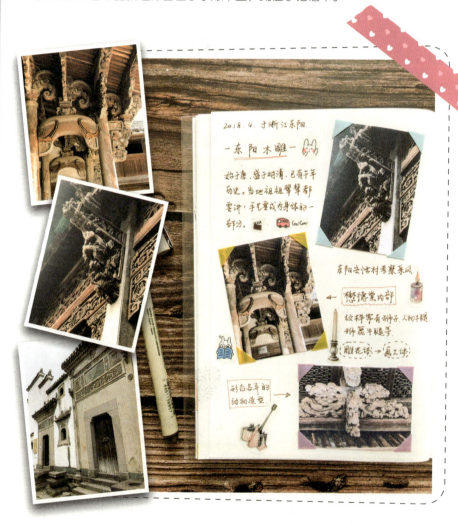

第五章　手账让你成为生活的主人

③ 手绘素材

看到有趣的事物，是不是总有一种将它画下来的冲动呢？一页纸，一支笔，将眼前的事物以自己的方式呈现出来，这就是属于自己的艺术素材，更是自己深入思考后的精神果实。

每一个事物，在不同人的眼中会有不同的样子，画下来更是风格迥异。

> 风格是作者的背影，自己看不见。——吴冠中

2）艺术创作手记

在进行艺术创作的时候，我们往往会由于全情地投入而较少留下照片。创作过程中的照片很珍贵，它会让我们看到自己全神贯注的样子，同时也能给人展现作品从无到有的过程。一幅作品在完成过程中的每一个时刻都好美！

3）手账里的"个人画展"

谁说只有艺术家才能举办画展？只要你拥有足够多的画作，就可以先在手账本里面为自己举办一次"个人画展"！

用这样的方式，我们得以对自己一个阶段的画作进行集中性的回顾。

1. 将自己的画作扫描并打印，或者冲洗成照片。

2. 将这些作品依次裁剪下来。

3. 将作品拼贴在手账本里，并对作品信息进行标注。

4）艺术展参观手记

艺术展览中展出的作品大都具有较高的艺术性。每次去看艺术展览，都会收集到一些展览相关的彩页、门票或者宣传册。好好利用这些素材，在手账本里还原我们观看展览时最真实的艺术感受吧！

以参观"美育人生——吴冠中百年诞辰艺术展"为例。

1. 准备好制作手账所需要的素材和工具。

2. 选择喜爱的元素进行裁剪。

3. 将裁剪下来的元素在手账本中进行拼贴。

4. 对关键的信息进行标注。

第五章　手账让你成为生活的主人

5. 一份意味隽永的艺术展观展手账完成了。

这是参观"博洛尼亚插画展暨 50 周年大师作品展"所制作的手账。

1. 参观展览时收集到的一些好看好玩的素材。

绘学习 绘生活——孩子不可错过的成长手账

2. 选用一些素材制作而成的手账。

这是参观"马克奎恩：皮相之下"艺术展所做的手账。

展览中那一只只"面包手"，一幅幅类似人虹膜的作品，还有类似人指纹的作品，都给人留下了深刻的印象。

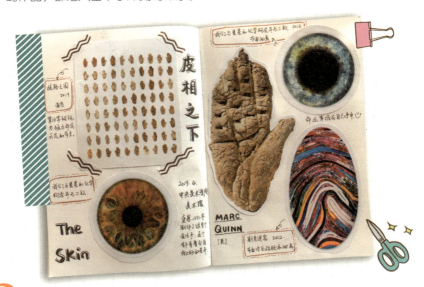

第五章 手账让你成为生活的主人

8. 旅行手账

旅行手账，可以记录行李准备清单、行程规划、风土人情等，也可以记录你在旅行途中的所见所想。旅行手账是我们旅途生活的见证者，每一次翻开它，都像是再一次踏上了那段旅程。

1) 行李准备清单

想要开始一段"说走就走的旅行"哪有那么容易。每次出游前收拾行李，是不是都会很头痛？总是担心会丢三落四，于是一遍一遍地对物品进行检查确认。

出行前为自己准备一份出游行李准备清单，一边准备行李，一边在对应的列表中打钩。真是一表在手，走遍天下都不怕！

随手画出一些小图案，让旅行清单充满了乐趣！

Complete!

旅行清单

证件：☑护照 ☑身份证 ☑电子机票 ☑现金 ☑信用卡 ☑旅行日程

生活用品：☑内衣 ☑外衣 ☑洗面奶 ☑毛巾 ☑牙具 ☑防晒霜 ☑香波 ☑电源 ☑数据线

药品：☑感冒发烧药 ☑腹泻药 ☑抗过敏药 ☑创可贴

休闲：☑平板电脑 ☑书籍 ☑小零食 ☑便携画具 ☑手账本 ☑纸胶带若干

旅行时将手账本随身携带，也是一个不错的主意哦！

145

2）旅行攻略

确定了出游的目的地之后，就可以好好地研究一下当地的景点和特色美食了。可以一边做攻略，一边在手账中记录下想去的地点、感兴趣的食物，进而规划出合理的行程安排。

像这样，在一幅手绘地图中标出想要参观的景点，每个景点的方位一目了然，非常便于合理规划行程。

每一天要打卡的景点，都对应着不同颜色的符号。

第五章 手账让你成为生活的主人

 3）出行手记

　　无论是用照片、文字还是绘画，我们把旅途中的点点滴滴，全都留在了手账这个小小的本子里。时隔多年，当我们再次翻开手账，仍然能够感受到旅途中的精彩瞬间，我们的幸福感会不会爆棚呢？

> **木雕之乡东阳旅行手记**
>
> 　　这是一次对木雕艺术的探索和发现之旅。旅行中，这里的自然风光和建筑景观都给我留下了深刻的印象。我随即变身为一个善于观察的摄影师，随手拍下了一张张照片。接近于黑白色的一张张照片，更彰显了这座城市的历史厚重感。

我将旅途中的感想记在本子里。

感叹于这么美妙的非洲艺术,我将看到的木雕元素画在手账里。

据说艺术大师毕加索痴迷于非洲木雕,并且深受其影响,立体主义绘画就是这样诞生的呢!

第五章 手账让你成为生活的主人

9. 手账里的创意手作

创意手作不仅能够让我们的手账本变得美美的,还能让制作手账充满乐趣!发挥你的创造力,亲手将你的手账本装扮起来吧!

 1)专属的手账本封面

手账本封面的重要性不言而喻,有好看封面的手账本能让人赏心悦目,甚至想要时常拿出来翻看。想必经常制作手账的人都有切身的感受——每次购买新的手账本,都会对手账封面的图案好好挑选一番。

用一些生活中的素材为手账本制作封面,让原本平淡无奇的本子变得充满意义。

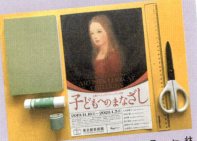

1. 一些宣传彩页、杂志画报、包装纸等,都能成为制作封面的素材。

2. 用笔在素材上对本子的尺寸进行标记。

3. 将素材进行裁剪。

4. 将裁剪好的素材粘贴在手账本的原有封面上。

绘学习 绘生活——孩子不可错过的成长手账

5. 记得背面也要粘贴。

6. 封底可以用素材整个覆盖，也可以像这样只是遮住一部分。

7. 将粘贴好的封面按照原本封面的圆角进行裁剪。

8. 可以继续用纸胶带粘贴封面四周，粘贴后封皮不仅更加牢固，也更加美观。

9. 将纸胶带进行裁剪以便于向内翻折粘贴。

10. 将纸胶带沿着封面边缘向内翻折并粘贴牢固。

第五章 手账让你成为生活的主人

11. 对多余的纸胶带进行裁剪。

12. 一个拥有主人气质的个性化手账本制作完成了。

2）自制收纳袋

收纳是手账的一项基本功能，可以存放一些票据，也可以收纳一些自己喜欢的贴纸。自己动手制作的收纳袋更加有趣，同时可以将生活中一些废旧纸张进行废物利用。

① 包装纸

用来包装礼物的包装纸通常都有着漂亮的外观，所以每次拆掉礼物之后，可以将包装纸保留一些，在手账本里面可以继续发挥它的作用。

1. 准备好包装纸以及手工制作的工具。

2. 测量所需包装纸的大小并标上记号。

3. 将包装纸按照所需大小进行裁剪。

4. 将裁剪好的包装纸的左、右及下边缘，用纸胶带粘贴于本子内页。

第五章 手账让你成为生活的主人

5. 包装纸粘贴上的三个边缘以及未粘贴的上边缘，刚好形成了一个口袋。

6. 可以继续将页面进行装饰。

7. 一个充满设计感的收纳袋制作完成了。琐碎的票据收纳在这里，再也不愁找不到了。

② 信封

将信封变身为手账本里的收纳袋十分方便，因为信封三面封口，刚好就是一个口袋的形状。将信封粘贴在手账本里，对琐碎的票据和贴纸进行收纳，非常实用。

1. 根据本子的尺寸，选择大小合适的信封。准备好手工制作的工具。

2. 可以对信封进行裁剪，以彰显个性化。这里将信封裁剪为扇形。

3. 将扇形的收纳袋粘贴在页面的相应位置。

第五章 手账让你成为生活的主人

4.可以继续对页面进行装饰，这里设计了一个小男孩从收纳袋中探出脑袋与鲨鱼打招呼的有趣情景。

5.一些票据、贴纸等都可以在这里"安家落户"了。

3)实用又好看的书签

我们无论是读书或者是记录手账,经常会用到书签。在翻开书本或者手账本的那一刻,看到自己亲手做的书签,会不会特别开心呢?只要是好看的图案,无论是我们亲手画的或是印刷在纸面上的,我们都可以将它裁剪下来做成好看的书签。

1.动手画出书签的图案。

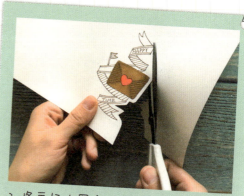

2.将画好的图案沿着边缘裁剪下来。留出一些空白的边缘会比较好看。

3.为了达到更加美观的效果,可以将裁剪下的图案粘贴在彩色卡纸上。

4.将贴有手绘图案的彩色卡纸再次进行裁剪。

第五章 手账让你成为生活的主人

5. 用打孔器在图案顶部进行打孔。

6. 将彩绳穿过这个小孔，对书签进行装饰。

7. 好看的书签制作完成了。

除了亲手绘制图案，一些票据、贴纸等，也非常适合用来制作书签。

这样的票据，形状本身就很像书签，只需要在顶部打孔并系上彩绳就可以啦！